知ろう！学ぼう！障害のこと

LD・ADHD
エルディー　エーディーエイチディー
（学習障害）（注意欠如・多動性障害）
のある友だち

監修　笹田哲
（神奈川県立保健福祉大学 教授／作業療法士）

LDやADHDのある友だちがいる君へ

　こんにちは。私は、障害のある方が健やかに生活できるように、心と体のサポートをしている作業療法士です。日々、障害のある子どもたちと向き合いながら、障害のある子どもに体の動かし方を教えたり、学校の先生に接し方を指導したりしています。
　LD（学習障害）とADHD（注意欠如・多動性障害）は、障害の中でも"発達障害"と呼ばれる、生まれつき脳の働きにかたよりのある、"目に見えない障害"です。障害を理解してもらいにくいために、「わざとなのかな?」「気をひこうとしているのかな?」と、かんちがいをされて傷ついている子が多くいます。まわりの人の声や行動から自信をなくし、新しいことにチャレンジする勇気をなくしてしまうLDのある人や、「また、やってしまった……」と自分を責めて苦しんでいるADHDのある人を、私はたくさん見てきました。
　この本を通して、彼らの一見、理解しにくいと思われるような行動は障害の特徴のひとつにすぎないことを知ってほしいと思います。相手を知りたいと思う気持ちは、相手を理解することにつながります。そして、言葉や行動の理由を知ると、どんなふうにつき合えばよいのかが分かるはずです。また、LDとADHDのある人の苦手なことを知って、「自分にも当てはまる部分があるかも」と、気づく人もいるかもしれません。障害について学ぶことは、自分自身の発見にもつながるのです。

監修／笹田 哲（神奈川県立保健福祉大学 教授／作業療法士）

※「障害」の表記については多様な考え方があり、「障害」のほかに「障がい」などとする場合があります。
　この本では、障害とはその人自身にあるものでなく、言葉の本来の意味での「生活するうえで直面する壁や制限」ととらえ、「障害」と表記しています。
※ADHDには、「注意欠如・多動性障害」という呼び方のほかに、「注意欠陥・多動性障害」「注意欠如・多動症」などという呼び方もされています。この本では、「注意欠如・多動性障害」に統一しています。

もくじ

| インタビュー | LD、ADHDと向き合う友だち | 4 |

1. 発達障害って何だろう? ……… 6
2. LDってどんな障害? ……… 8
3. LDのある友だちの気持ち ……… 10
4. ADHDってどんな障害? ……… 14
5. ADHDのある友だちの気持ち ……… 16

| コラム | DCDってどんな障害? | 20 |

6. 苦手をサポートする道具 ……… 22
7. 学校と地域のサポート ……… 24
8. 社会で働くために ……… 26
9. 仲よくすごすために ……… 28
10. 目に見えない障害 ……… 32
11. 心のバリアフリー ……… 33

読み書き・コミュニケーションゲーム ……… 34
支援する団体 ……… 36
さくいん ……… 37

インタビュー
LD、ADHDと向き合う友だち

LDとADHDの両方の特徴があるYくんは、中学校の通常学級と通級に通う2年生の男の子。通級のクラスでインタビューに答えてくれました。

Q.1 好きなことは何ですか?

A レゴ®や鉄道、雑学が好きです。

お母さんのコメント
小さいころは鉄道ひと筋でしたが、成長するにつれて興味の幅が広がりました。ゲームや歴史も大好きで、わからないものをそのままにせず、興味を持ったらすぐ調べています。

なぞときをテーマにしたテレビ番組でやっていたトリックの内容を覚え、レゴ®を組み立てて再現。

Q.2 得意なことは何ですか?

A 景色を撮ることです。

お母さんのコメント
今は、電車や高層ビル、夜景の撮影がブームみたいです。カメラを使って、いろいろなものを撮っています。

Yくんの撮った写真。

Q.3 苦手なことは何ですか?

A 話を聞くことと、ブザー音です。

お母さんと通級の先生のコメント
話の内容を頭で理解することが苦手で、自分が話したことであっても、忘れてしまうことがあります。また、小さいころはピストルや花火、タイマーの音などが苦手でしたが、クイズ番組の効果音を聞くうちに慣れたのか、今はだいじょうぶになりました。

Yくんは笑顔がすてきな中学生。

Q.4 いつも使っている道具はありますか？

A 整理整頓グッズです。

お母さんのコメント
時間割に合わせて、教科書やノートなど、教科ごとに使う道具をひとまとめにするゴムをつけています。これを使うようになってから、授業前にすぐに取り出せるようになりました。さらに、忘れ物も減りました。

先生におすすめされて使っている整理整頓グッズ。

Q.5 楽しかった学校行事は何ですか？

A 体育祭です。

お母さんと通級の先生のコメント
クラスのみんなと力を合わせてがんばったことが印象に残っているようです。体育祭では、協力して人をゴールに運ぶ「セーブ・ザ・ビッグ・ボール」や「台風の目」、「リレー」などに出ました。Yくんにとって、通常学級の友だちと一緒にいることは誇りです。

Q.6 友だちにお願いしたいことは？

A 自分のことを理解した上で仲よくしてほしいです。

お母さんのコメント
学校では、息子の特徴や苦手なことが4コマンガでわかる「Yくん落ちつきカード」を配ってくれました。カードは先生がつくってくれたのですが、友だちが息子を理解して、接してくれていると感じています。こういったことが、ほかの学校にも広がればうれしく思います。

クラスや学校にいる人すべてに配られている、Yくんの特徴が書かれた「Yくん落ちつきカード」。

＊年齢は取材当時のものです。

part 1 発達障害って何だろう？

ひと口に障害といっても、いろいろな種類があります。まずは、発達障害がどういう障害か理解し、発達障害のある友だちがどんなことが苦手で、どんなことに困っているかを知りましょう。

1 「障害」とは

障害とは、体や脳の機能がうまく働かず、生活の中で直面している不自由さのことです。障害のある子どもたちは、不自由さとつき合いながら成長します。

この本で紹介するLD（学習障害）とADHD（注意欠如・多動性障害）は、脳の一部の機能がうまく発達しないまま成長する、発達障害に分類されるものです。発達障害のある子どもは、運動器官にまひがないにもかかわらず、体の一部の感覚がにぶかったり、逆に感覚がするどかったりすることがあります。

また、特徴的な話し方や発音をするわけではないのに、単語を言いまちがえたり、話がくどくなったりすることがあります。それも発達障害の特徴の1つです。

障害の種類と特徴

発達障害

	どれか1つ以上が苦手
LD（学習障害）	・読むこと ・書くこと ・話すこと ・聞くこと ・計算すること ・推論すること
ADHD（注意欠如・多動性障害）	・集中しにくい ・すぐに手が出る ・忘れ物が多い
自閉スペクトラム症	・人づきあいが苦手 ・気持ちを伝えるのが苦手 ・人よりも物に興味がある

ダウン症	・体力がない ・関節や筋肉がやわらかい ・動作がゆっくり
肢体不自由	・手や足など、体の一部がまひして自由に動かせない ・うまく口を動かせない
視覚障害	・生まれつき目が見えない ・病気や事故が原因で、目が見えない ・眼鏡を使ってもよく見えるようにならない
聴覚障害	・人の声が聞こえない、聞こえにくい ・補聴器を使う
言語障害	・自分の思った通りに話せない ・サ行やカ行がうまく言えない ・人前で話すことが苦手

※それぞれの障害の代表的な症例や特徴を紹介しています。LD、ADHD、自閉スペクトラム症では、1人にすべての障害の例が現れるとは限りません。
※障害の種類は、ほかにもあります。

2 発達障害のある子どもの数

文部科学省が2012年に約60万人の小中学生に調査した結果、6.5%の割合の子どもに発達障害がありました。これは、1クラスを40人とした場合、クラスに約2～3人の割合でいる計算になります。また、発達障害がある子どものうちの40%は、特別な支援を受けていません。

特別な支援とは、通常学級とは別に、障害のある子どものための授業をする「通級」や、社会で自立できるように治療や教育をする「療育」などのことをいいます。また、学校や施設で支援を受けるだけでなく、各家庭で保護者と一緒にトレーニングをしている子どもたちもいます。

3 発達障害は見た目ではわかりにくい

発達障害は、外からは見えない脳の障害です。そして、障害のある子どもは、自分自身がどんなことが苦手で困っているのかをまわりに伝えづらいというなやみを持っています。けれども、まわりが正しく障害を理解し、上手にサポートしていけば、そのなやみを軽くしたり、解消したりできる可能性があります。

また、発達障害のある子どもには、感覚がどんかんすぎたり、びんかんすぎたりするという特徴があります。

そのため、痛みに気づくのがおそくなる子どもや、突然の物音や大声にパニックになってしまう子がいます。

ほかにも、視野（目の見える範囲）や、まわりの色を識別する色覚に障害のある人もいます。瞳の中にさまざまな色を取り込みすぎて、蛍光灯の光を不快だと感じる子もいます。そういった特徴も、まわりの人から理解されづらいため、発達障害は外から見えない障害だといわれているのです。

4 発達障害で困ること

LDのある友だちは、読み書きをする力にかたよりがあります。例えば、授業中に字が書けなかったり、読めなかったり、計算がうまくできなかったりします。

一方で、ADHDのある友だちは、行動にかたよりがあります。並ばなければいけないときにきちんと並べなかったり、忘れ物をくり返したりします。

発達障害のある友だちが困っていることの中には、障害のない子でも苦手に思うようなことだって、きっとあるはずです。

だから、発達障害のある友だちを理解して、「どうすればいいのかな」と接し方を考えて工夫することは、自分にとっても役に立つのです。

ここが知りたい 発達って何？

体重や身長が増えて、体が大きくなることを「成長」といいます。そして、体が成長するにつれて、手や足を使って、いろいろな日常動作や運動ができるようになることを「発達」といいます。ほかにも、体だけでなく、相手の気持ちや言葉を理解できるようになる心の成長も発達です。

私たちは年齢を重ねるごとに、自分の気持ちをうまく言葉で表したり、状況に合わせて行動できるようになったりします。これは、体と心と言葉がそれぞれに発達するからなのです。発達の進み具合には個人差がありますが、年齢にそったおおまかな基準があります。医師は、その基準をもとに発達の度合いを判断しています。

part 2 LDってどんな障害？

LDは、"Learning Disabilities"の略で、学習障害と呼ばれています。LDのある友だちには、文字を書くことが苦手な子もいるし、話すことや計算が苦手な子もいます。

1 LDのある友だちが苦手なこと

書くこと

話したり、読んだりできても、それを文字に書けないことがあります。書けても、文字の大きさがバラバラだったりします。

- 漢字のまちがいが多い
- 文字を書くとマスからはみ出る
- 漢字のへんとつくりが入れ替わる

読むこと

文字は見えているのに、何が書いてあるのかわからなかったり、読めても意味が理解できなかったりします。

- 読めるけど意味はわからない
- どこまで読んだのかわからなくなる
- 文字を追わずにいいかげんに読んでしまう

話すこと

自分の気持ちを言葉で表すことが苦手です。また、声の大きさやスピードがその場に合わなかったりします。

- 話したいことしか話さない
- 順序立てて話ができない
- 話し方がたどたどしい

聞くこと

相手の声は聞こえているけれど、言葉の意味がわからなかったり、意味がわかっても具体的にどういうことをすればよいのか理解できなかったりします。

・聞きもらし、聞きなおしが多い
・聞いたことをすぐに忘れてしまう
・冗談やしゃれが伝わりにくい

計算すること

計算ができなかったり、できたとしても、容積や数量などの言葉の意味や、数の単位がわからなかったりします。

・たし算やひき算ができない
・九九がおぼえられない
・文章問題がわからない

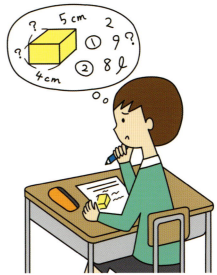

考えてみよう こんな かんちがい をしてないかな？

☐ わざと変な字を書いているのかな？
☐ 聞いていないふりをしているのかな？
☐ つまらないから、だまっているのかな？
☐ まじめに勉強していないのかな？

2　LDの原因は何かな？

　LDは、脳に何らかの原因があると言われています。物事を理解する力にかたよりがあるため、目で見たものや耳で聞いたものが正しく脳に伝わりにくいのです。だから、漢字の形をまちがえて書いたり、教科書をまちがえて読んだり、文章を順序立てて話せなかったりします。けっして勉強がきらいだとか、頭が悪いというわけではないのです。LDのある友だちは、何か学習するときに苦手なことがあるだけです。思いやりがあって、気くばりもできるやさしい子が多いので、からかってはいけません。少し時間がかかりますが、苦手なことも工夫すればできるようになります。できるようになるまで、見守りながら待ちましょう。

part 3

LDのある友だちの気持ち

LDのある友だちが気になる行動をするとき、何を考えて、どんなことに困っているのでしょうか。
授業中や休み時間など、いろいろな場面での友だちの気持ちを考えてみましょう。

1 黒板に書いてあることがわからないみたい
読むことが苦手な子

先生が明日の持ち物を黒板に書いてくれたんだけど、あれ〜？ どこを読めばいいのかな？

文字を読むことが苦手な子は、黒板に書かれた文字や記号、数字などが理解できずに混乱してしまいます。

考えてみよう　どうして 文章を読むことが苦手 なのかな？

　LDは、見たものや聞いたものを理解する脳のしくみがうまく働かない障害です。この障害は、幼稚園や保育所では気づかれないこともよくあります。小学校に入って勉強がむずかしくなってくる2〜3年生ごろから、親や先生などのまわりの大人が、「あれ？　ほかの子とちがうかも」と気づき始めることが多くあります。

　授業中に字が読めなかったり、計算ができなかったりするので、「勉強がきらいなのかな」と思われがちですが、実はそうではありません。LDのある子は、黒板や教科書の見え方や先生の声の聞こえ方がみんなとはちがいます。勉強がきらいなのではなく、読んだり、書いたり、計算したりすることが苦手なだけなのです。

2 文字が変だよ
書くことが苦手な子

見たまま書いているつもりなのに、わたしの書いた漢字はまちがってると言われるの。どこがちがうの？

漢字は正しく見えているのに、書くときになると漢字のへんやつくりが左右逆さになってしまう子がいます。

3 先生の話、ちゃんと聞いてた？
聞くことが苦手な子

一度にたくさんのことを言われると、聞き取りきれない！ 最後の言葉しか頭に残らないの。

聞くことが苦手な子は、一度にたくさんの情報が耳から入ってしまうと、整理ができずに混乱してしまうようです。

4 言葉が通じてないのかな
話すことが苦手な子

おばあちゃんと楽しいことをいっぱいしたし、「遊んでくれてありがとう」も言えたよ。でも、うまく話せないんだ。

話すことが苦手な子は、話そうと思った出来事がいくつかあっても、頭の中で整理することがむずかしいようです。

5 たし算・ひき算ができないのかな
計算することが苦手な子

どれとどれをたせばいいのか迷っちゃう。みんな、なんでそんなに早くできるの？

1けたのたし算やひき算などはできていても、2けた以上の計算になると、問題を理解するために時間がかかることもあります。

6 定規のメモリが読めないみたい
メモリを読むことが苦手な子

15cmの長さの線を引きなさいって、先生は言ったけど、定規のどの部分の数字を使うかよくわからないんだよ。困ったな。

定規のメモリは字が小さく、さらに線と数字がびっしりとつまっているので、読みづらいと感じる子がいます。

7 全部言わないとわからないみたい
推論することが苦手な子

一生懸命、話のゆくえを追っているつもりなのに、友だちがぼくに何を言おうとしているのかわからなくなってしまうことがあるんだ。

相手の言いたいことをイメージしながら聞くことが苦手なので、話し手が主語などを省略したりすると、話の内容が分からなくなる子がいます。

part 4

ADHDってどんな障害?

ADHDは、"Attention-Deficit/Hyper activity Disorder"の略で、注意欠如・多動性障害と呼ばれています。自分の気持ちをおさえられない子や、忘れ物ばかりしてしまう子などがいます。

1 ADHDのある友だちが苦手なこと

集中すること

目や耳から入るいろいろな情報に気をとられて、目の前のことに集中できません。よく、忘れ物やミスをしてしまいます。

- いつも宿題を忘れてしまう
- 最後までやりとげられない
- 先生の話を聞きもらしてしまう

動きを止めること

目や耳から入る情報がしげきになって、体の動きを止められなくなります。1人だけ別の行動をしていることもあります。

- 授業中に落ちつきがない
- 1人でずっとしゃべっている
- 列に並んで待っていられない

よく考えてから行動すること

その場の状況を考えずに、自分の気持ちのまま、いきなり行動するので、まわりはびっくりしてしまうことがあります。

- 急に大声でどなる
- 列の順番を待てずに横入りする
- すぐに人をたたいてしまう

考えてみよう　こんな かんちがい をしてないかな？

☐ 何度注意されても、直せないのかな？
☐ 私のことがきらいだから、たたくのかな？
☐ 気をひこうとして、体をがたがたと動かしているのかな？
☐ わざと忘れ物をするのかな？

2　ADHDの原因は何かな？

　ADHDは、脳に何らかの原因があるといわれていて、自分の行動をコントロールすることが難しい障害です。「不注意」「多動性」「衝動性」の3つの特徴があります。だから、動かずにじっとしていたり、物事に集中したり、まわりの人と行動を合わせたりすることが苦手です。ADHDのある友だちには、集中することが苦手な「不注意」が目立つタイプと、動きを止めることや、よく考えてから行動することが苦手な「多動性」と、「衝動性」が目立つタイプがいます。また、3つすべての特徴が目立つ友だちもいます。

　多くの子は、他人を困らせたり、傷つけたりしてしまったとき、あとで自分のしたことを反省して、落ち込んでいます。わざとしているわけではないので、責めないようにしましょう。

ここが知りたい　発達障害って治らないの？

　発達障害のある子に苦手なことがあるのは、脳の働きがうまくいかないためだと考えられています。例えば、LDは読み書きが苦手、ADHDは自分の行動をコントロールすることが苦手、DCD（20～21ページ）は体を動かすことが苦手といったように、障害の種類によって苦手なことがちがいます。

　脳の働きは生まれつきのものなので、治りません。しかし、まわりが理解してサポートすれば、苦手なことが少しずつ減っていくことがあります。さらに、いろいろな経験をすることで、その子自身に障害とうまくつき合っていく力が身についていくのです。その子ができるようになるまで待ちましょう。

知っておこう　発達障害のある子をサポートする教室

通常学級
みんなと同じクラスで、一緒に授業を受けます。障害のある子どもに合うように、授業の内容や指導方法を工夫します。

通級
通常学級に在籍しながら、週1～数時限程度通う教室のこと。学習の苦手な部分のほか、人との関わり方や、集団行動のルールなどを学びます。

特別支援学級
1～8人までの少人数学級で、1人1人に応じた教育をする教室。通常学級との交流もあり、学校の行事などに学級全体で参加することもあります。

part 5

ADHDのある友だちの気持ち

ADHDのある友だちには、授業中や休み時間に、まわりの友だちが気づかないけれど、困っていることがいろいろあります。場面ごとに、友だちの心の中をのぞいてみましょう。

1 できてないのに「できた」って言うよ
集中することが苦手な子

ぼく、かけ算は得意なんだ。計算するのも早いんだぞ！でも、いつもおしいところでまちがえちゃうんだ。

ゆっくり、ていねいに物事をすることが苦手。テストのときも見直しをする習慣がないので、ミスが多くなります。

いちばん！

① 3×4＝7　⑥ 10×8＝9
② 5×6＝11　⑦ 2×14＝3
③ 4×2＝2　⑧ 30×2＝40
④ 8÷2＝10　⑨ 18÷2＝8
⑤ 9÷3＝6　⑩ 6×12＝11

考えてみよう　どうしてミスしちゃったのかな？

　ADHDは、幼稚園や小学校などに入り、集団で活動する場面が増えてから気づかれることが多い障害です。じっとしていることが苦手だったり、気がちりやすかったり、みんなと同じ行動をするのが苦手だったり、まわりの人と協力しなければならないときにできなかったりします。なぜなら、ADHDのある友だちは、脳の働きにかたよりがあるために、自分で行動をコントロールすることが難しいからです。

　ADHDのある友だちの中には、ゆっくり、ていねいにすることが苦手な子もいます。それは、早く、すぐに終わらせたいという気持ちが強いからです。だから、ミスや忘れ物が多くなってしまうのです。

2 話を聞いてないのかな?
集中することが苦手な子

話は聞いてるんだけど、後ろでサッカーしている男の子に気をとられちゃって……。何、話してたっけ? 気づいたら、何を聞いていたのかわからなくなっちゃう。

まわりがうるさいと集中しにくくなり、何を話していたのかわからなくなることがあります。

3 よく物をなくすよ
集中することが苦手な子

「宿題を絶対忘れちゃいけない」と思っていたら、家にえんぴつと消しゴムを忘れてきちゃった。また、おこられちゃうかな。

忘れてはいけないものを頭の中で考えるだけでは、記憶からぬけてしまうことがあります。

4 落ちつきがないみたい
動きを止めることが苦手な子

じっとしていると、いらいらしてきちゃうんだ。だから、足をがたがたと動かしちゃう。こうしないではいられないんだ。

じっとしていることが苦手。苦手なことをしているときは、落ち着かないから、びんぼうゆすりをすることもあります。

5 おとなしく参加できないのかな
動きを止めることが苦手な子

このゲーム、わたし得意なの。だから、だまっていられなくて、ついつい話が止まらなくなっちゃった。

自分の得意分野について説明し始めると、止まりません。気が済むまでしゃべってから、まわりの困った顔に気づくようなこともあります。

順番待ちができないの
よく考えてから行動することが苦手な子

あれ？ みんな、並んでる。何でかな。あっ、先生、賞品を配ってるんだ。ぼくももらわなくちゃ！

並んでいることよりも、賞品に気持ちをうばわれて、つい横入り。注意されれば、いけないことだとわかります。

すぐに手がでちゃう
よく考えてから行動することが苦手な子

ぼく、いやなことがあると、すぐにかっとなっちゃうんだ。気がついたら手が出てるんだよ。

感情のままに行動しやすいのですが、少し落ち着くと、「またやっちゃった……」と反省します。

コラム

DCDってどんな障害?

DCD（発達性協調運動障害）は、多くの人ができるかんたんな作業がうまくできないことがある障害です。LDやADHDと同じく、脳に原因があると考えられています。

1 DCDのある友だちの苦手なこと

運動すること

なわとびや自転車などの運動が苦手な子がいます。それは、いろいろな筋肉をバランスよく使えないからです。

- なわとびがうまくとべない
- 自転車がうまくこげない
- キャッチボールがうまくできない

手先を使うこと

手先を使った細かい作業が苦手な子がいます。例えば、紙をきれいに折ったり、定規を使ってまっすぐに線を引いたりすることができません。

- はさみがうまく使えない
- くつのひもがうまく結べない
- 字が乱れる、線をうまく引けない

生活動作をスムーズにする

目と手、手と足など、体の別々の部位を同時に使うことが苦手な子がいます。食事や着替えなど、生活動作がスムーズにできません。

- 食べるときにこぼす
- 着替えるのに時間がかかる
- 髪をきれいに洗えない

2 DCDの原因は何かな?

　DCDとは、手と足、目と手などを使って、異なる動きを同時にする運動(協調運動)が苦手だったり、またはできなかったりする障害のことです。

　赤ちゃんや幼児のころからハイハイや指先を使うことにおくれが現れます。小学生になると、「不器用な子」、「運動が苦手な子」として見られることもあります。DCDは、筋肉や神経、視力や聴力などに異常はなく、脳の働きのかたよりが原因だとされています。

　DCDのある友だちは、イメージした通りに体を動かせないことから、自転車に乗れるようになるまで時間がかかったり、ほかの子と同じように遊べなかったり、授業についていけなかったりすることがあります。でも、自分のペースでならできることも多いので、見守りながらいっしょに遊びましょう。

DCDのある友だち「体を動かして遊ぶのが大好き!」

　ひなたくんは、手や足の協調運動や姿勢を保つことが苦手な、DCDのある友だちです。でも、できないことはまわりの友だちが手助けしてくれるので、本人はあまり苦手意識を持っていません。体を動かすことが大好きで、今、夢中になっているのは一輪車。家では、お父さんやお母さんと一緒に楽しく、体の使い方やバランス感覚を身につけています。

小学校3年生
ひなたくん

少しずつ上手になる一輪車。

体のバランス感覚をきたえて、姿勢をよくする楽体リング。

知っておこう　障害は1つだけでないことも

　障害のある子どもには、LDやADHD、自閉スペクトラム症など複数の障害の症状が現れることがあります。1人の子にいくつかの障害が現れることを合併症といいます。障害によって苦手なことや困ることはちがうので、それが一緒に出てきてしまうと、まわりの人の理解を得るまで時間がかかります。

　障害のある友だちに対してまわりの友だちができることは、その子を理解すること。その子に何の障害があるかは問題ではありません。ただ、「〇〇くんはあわてんぼうだな」「〇〇ちゃんは細かい手作業が苦手なんだね」と、その子の苦手なところを弱点ではなく、個性として受け止めることが必要です。

part 6 苦手をサポートする道具

LDやADHDのある友だちには、それぞれ苦手な部分があります。授業中や生活の中で困っていることを手助けをしている、さまざまな道具を紹介しましょう。

1 LDのある友だちが使っている道具

切り抜きフレーム

文字を書くのが苦手な友だちのための道具です。フレームでまわりをかくすと、マス目に字が収まるように意識できるので、正しい大きさで文字が書けるようになります。

- 厚紙で手づくりできる
- フレームを濃い色にするとより文字が見えやすくなる

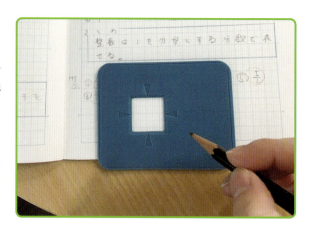

スケール

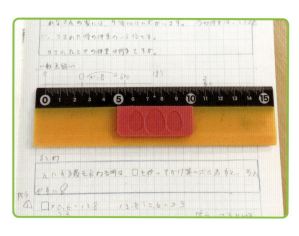

細かい字を読むのが苦手な友だちや、細かい手作業が苦手な友だちのための道具です。ふつうの定規よりもメモリの文字が大きく読みやすい上に、使いやすく、線を引くときにずれにくいので、ストレスなく線が引けます。

- 定規のうらにすべり止めとして、ビニールテープをはる
- 四角い消しゴムを定規の表にはって固定しやすくする

ふせん

順序立てて話すのが苦手な友だちのための道具です。「いつ」「どこで」「だれが」「何を」「なぜ」「どうする」の項目別にふせんを書いて、かべやノートにはって、整理します。

- メモ帳とセロハンテープで代用できる
- 一度整理すると、話しやすくなる
- ふせんを並べた順番に質問しよう

2　ADHDのある友だちが使っている道具

チェックリスト

忘れ物をしてしまう友だちのための持ち物リストです。時間割と連動させて、ひと目でわかるようにします。げんかんにはり、出かける前に見直して、忘れ物を減らします。

- 書いたり消したりしやすいホワイトボードや、黒板を使ってもだいじょうぶ
- 絵のついたカードで、目で見てわかるように

	月曜日の持ち物		
チェック	時間割	写真	持ち物
○	ホームルーム		連絡帳
○	国　語		教科書
○	算　数		分度器
○	体　育		体操着
○	図　工		絵の具

ラバー

じっとしているのが苦手な友だちのための道具です。授業中など、行動が制限されているときに、にぎったり、はなしたりして、気持ちを落ち着かせます。

- ふわふわとした感触が好きな子は、タオルやぬいぐるみを使う
- 使ってよい場所を決めておく

耳せん

耳の感覚がびんかんで、集中したいのにまわりの音が気になってしまう友だちや、特定の音が苦手な友だちのための道具です。授業中や運動会のときに使います。

- まわりの音をさえぎるヘッドフォンで代用する人も
- コードつきの耳せんなら、動き回っても落とさずに、安心して使える

考えてみよう　困っていることを「手助けする」アイディアを探そう

発達障害は、外からわかりにくい障害なので、特に何も困っていないように見えてしまいがちです。

例えば、LDのある友だちは、視力や聴力に問題がなくても、物事を認識する機能に障害があるので、文字を読んだり、書いたり、計算したりすることなどが苦手です。また、ADHDのある友だちは、目や耳、皮ふなどの感覚がびんかんなため、光や音などのしげきが入りすぎて、自分の行動をコントロールできなくなります。そのため、授業に集中しづらく、学習におくれが出やすいのです。

だから、ここで紹介したような道具を使って、より授業に集中しやすいかんきょうをつくっています。障害の特徴に合った道具やかんきょうづくりを考えてみましょう。

part 7

学校と地域のサポート

学校や地域には、LD、ADHDのある子どもをサポートする専門家たちがいます。どんな人がどんなサポートをしているのか、見てみましょう。

1 インクルーシブ教育

文部科学省の2012年の調査によると、LDやADHDなどの発達障害があるために、学習面や行動面で苦手なことがある子どもの割合は6.5%という結果でした。40人のクラスと考えると、1学級2～3人の割合で、普通の授業についてこられない子がいるということになります。

そんなLD、ADHDなどの発達障害を含め、障害の有無にかかわらず、すべての子どもが同じ学級で学ぶような教育をインクルーシブ教育といいます。学級担任だけでなく、学校全体で障害について理解し、その子に合った授業の進め方などを相談し合って、複数の先生が学校生活をサポートする仕組みがつくられています。

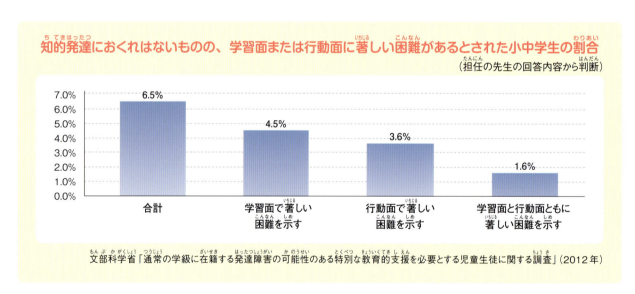

知的発達におくれはないものの、学習面または行動面に著しい困難があるとされた小中学生の割合
（担任の先生の回答内容から判断）

文部科学省「通常の学級に在籍する発達障害の可能性のある特別な教育的支援を必要とする児童生徒に関する調査」（2012年）

2 LDやADHDのある子の学ぶ場所

小中学校に通うLDやADHDのある子どもの学びの場は、大きく分けて3種類あります。1つ目は、障害のない子どもたちと一緒に「通常学級」で学ぶパターン。2つ目は、通常学級に通いながら、週に1回ほど、LDやADHDなどのある子どものための授業をする「通級」に通うパターン。そして、3つ目は障害のある子どもだけの少人数のクラスである「特別支援学級」で学ぶパターンです。

そして、合併症がある子どもは、障害のある子どもが通う特別な学校に行くこともあります。

どの授業の受け方を選ぶかは、子どもの入学前や、その障害があることに気づいたときに、障害のある子どもの保護者と学校の先生たちが話し合って決めています。そのときに、臨床心理士や医師といった障害の専門家に話を聞きながら、その子どもの障害の程度に合った学び方を見つけているのです。

3 地域ではどんなサポートをしているの？

　地域には、発達障害のある子どものための施設があります。各市区町村によって、「療育センター」「児童発達支援センター」「リハビリセンター」などのように、呼び方は変わります。
　施設には、作業療法士や臨床心理士、医師などの専門家がいて、子どもの教育や成長をサポートしています。サポートを受けるために、まず医師による問診や検査によって、発達障害の状態を確認します。そして、その子の苦手なことが少しでも軽くなるように、専門家がアドバイスや指導をしています。

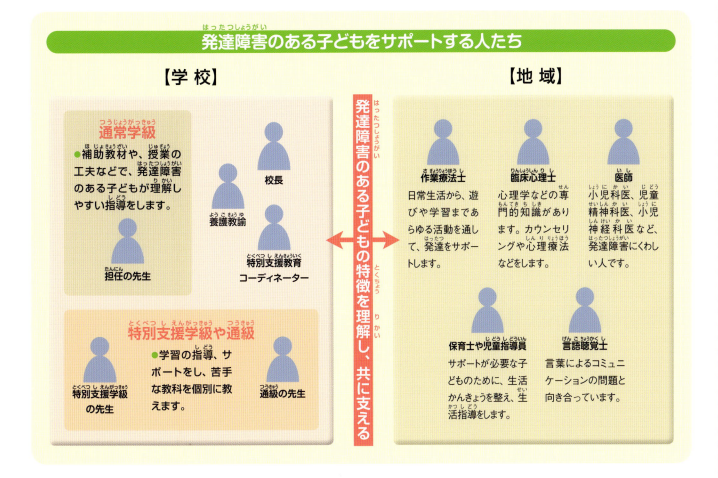

発達障害のある子どもをサポートする人たち

【学校】

通常学級
- 補助教材や、授業の工夫などで、発達障害のある子どもが理解しやすい指導をします。

担任の先生／校長／養護教諭／特別支援教育コーディネーター

特別支援学級や通級
- 学習の指導、サポートをし、苦手な教科を個別に教えます。

特別支援学級の先生／通級の先生

発達障害のある子どもの特徴を理解し、共に支える

【地域】

作業療法士：日常生活から、遊びや学習まであらゆる活動を通して、発達をサポートします。

臨床心理士：心理学などの専門的知識があります。カウンセリングや心理療法などをします。

医師：小児科医、児童精神科医、小児神経科医など、発達障害にくわしい人です。

保育士や児童指導員：サポートが必要な子どものために、生活かんきょうを整え、生活指導をします。

言語聴覚士：言葉によるコミュニケーションの問題と向き合っています。

インタビュー 療育センターのお仕事　よこはま港南地域療育センターの場合

作業療法士　松本政悦さん

　私は、よこはま港南地域療育センターで働く作業療法士です。作業療法士は、障害のある子どもが、食事や着替え、トイレ、遊び、勉強などの日常生活で必要な「作業」を上手にできるようにサポートしています。療育センターには、ほかにも15種類以上の専門スタッフがいて、みんなで協力して子どもたちを支援しています。
　障害の有無にかかわらず、すべての子どもは自分のペースで成長し、発達する力を持っています。支援が必要な子どもに接するときには、できたことをたくさんほめて、「自分はできる！」という自信を育てるように心がけています。

子どもたちは、保護者の送りむかえや、通園バスで療育センターに通います。

part 8

社会で働くために

社会では、学校にいるときにはなかったルールやマナーがあります。障害のある人もない人も、社会で必要なことを理解して、おたがいに支え合いましょう。

1 発達障害のある人の働く場所

　働くことは、人間として成長する手段であり、生きがいにもつながります。発達障害のある人は、障害のあることが外からはわかりにくいので、障害のない人と一緒に就職試験などを受けて、障害のない人と同じように仕事についている人がたくさんいます。

　ところが、発達障害ならではの苦手なことがあるために、同じ場所で働き続けることが難しいと感じる場面が出てきます。だからと言って、働くことに向いていないわけではありません。その人にとって仕事の内容や進め方が合わなかっただけで、別の職場で力を出す人もまた、たくさんいます。

　小中学生のみなさんは、障害のある人もない人も、まずは自分の好きなことや得意なことを探して、将来の夢を見つけるきっかけにしましょう。

LD、ADHDのある人にぴったりの職業

	苦手なこと	得意なこと	ぴったりの職業
LD	<u>どれか1つ以上が苦手</u> ・読むこと　・聞くこと ・書くこと　・計算すること ・話すこと　・推論すること	・相手の立場でものを考えることができる ・感性がゆたか ・こまやかな気くばりができる	・方法が決まっている職業 ・自分の興味を発信できる職業 ・自然を相手にする職業 **たとえば** プログラマー、芸術家、料理人、農家など
ADHD	<u>どれか1つ以上が苦手</u> ・ミスが多い ・忘れ物が多い ・気移りしやすく、集中しづらい ・じっとすることが苦手	・気持ちの切り替えが早い ・いろいろなことに興味を持つので、新しいことにちょうせんできる ・フットワークが軽く、行動力がある	・自分の興味を発信できる職業 ・ものづくりに関わる職業 ・専門分野に特化した職業 **たとえば** 芸術家、スポーツ選手、ゲームソフトの開発者、研究者など

2 障害のある子もない子も、今からできること

健康な体をつくる

毎日、決まった時間に起きて働き、必要な仕事をするには、健康な体づくりが大切。よく食べ、よく寝て、よく遊び、じょうぶな体をつくりましょう。

約束を守る

働くようになったら、与えられた量を決められた期日で終わらせないといけません。普段から、約束した期日を守る努力をするようにしましょう。

工夫する

はじめはだれでも、言われたことをこなすことでせいいっぱいです。効率よくできるように工夫する習慣をつけると、働くときに役立ちます。

人間関係を大切にする

仕事は、いろいろな人との共同作業です。だから、見えないところでも必ず誰かが支え、協力してくれています。人とのつながりを大切にしましょう。

考えてみよう　得意なことはなにかな？

　LDやADHDのある友だちは、障害のない人よりも苦手なことが多いため、しかられたり、はげまされたりすることはあっても、ほめられる経験はあまり多くないようです。成長する中で、自分の苦手な部分を強く意識するあまり、自信をなくしてしまうこともあります。
　だからこそ、障害のある友だちが自分自身を大切にする気持ちを失わず、生きる力を伸ばせるようにするために、その友だちの好きなことや得意なことに注目してほめるようにしましょう。好きという気持ちは、苦手なことに立ち向かう力になります。ほめるときは、どこがよいのかを具体的に伝えましょう。そして、友だちが何かにチャレンジしたときは、結果だけでなく、その努力をほめてください。人から認められることは生きていくエネルギーになるはずです。

part 9

仲よくすごすために

LDやADHDのある友だちには、苦手なことがいろいろあります。でも、まわりの人が障害の特徴を理解して上手につき合っていけば、苦手なことも克服できる力を持っているのです。

1 こんなことから始めよう

人々がおたがいに仲よく生きるための考えの1つに、ノーマライゼーションという言葉があります。障害のある人や高齢者がまわりの人と対等に生きられる社会を実現するために、社会や福祉かんきょうを整備して、助け合い、行動するという考え方です。

そんな社会の実現のために、小中学生のみなさんが今できることを考えてみましょう。例えば、本などで調べて障害の特徴を理解し、障害は個性のひとつだと知ることや、障害のある子とおたがいに協力し、助け合い、しんらいできる人間関係をつくることなど、いろいろあります。誰もが平等に社会で生活が送れるように、今できることを始めましょう。

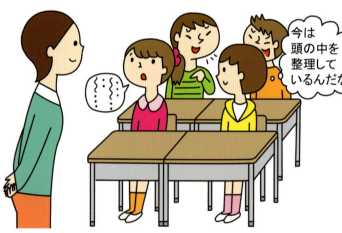
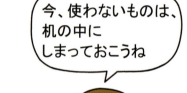

思いやり

LDのある友だちは、質問に合わない返事をすることがあります。これは質問の内容を整理したり、その答えを見つけ出したりすることが苦手だからです。それを笑ったり、からかったりするのはいけないことです。思いやりの心を忘れずに、見守ってあげましょう。

相手をよく知る

障害の特徴を理解すると、友だちとつき合うときの手助けになります。理解が深まれば、おたがいによい関係を保ち、仲よくすごす方法がわかるようになります。相手の考えを聞くだけでも、解決できることはたくさんあるのです。

気持ちを伝える

ADHDのある友だちは、ちょっとしたことで、急におこりだしたり、きつい言葉で責めたりすることがあります。そんなときは、落ち着いてから、なぜそうしたのか、理由を聞いてみてください。それから、自分がどう思ったかも伝え、おたがいの気持ちを確かめ合いましょう。

危険なときは声をかける

何かに夢中になって、危ない場所に入ろうとしていたり、飛び出そうとしていたりする友だちを見かけたときは、やさしく声をかけて、止めてあげましょう。子どもだけで解決することが難しそうなときには、大人の手を借りてください。

「いいな」と思ったら、ほめ合う

何かを達成したときに、人から「がんばったね」とほめてもらえれば、うれしい気持ちになります。だから、友だちのいいところは、口に出してほめましょう。ほめ合ったり、はげまし合ったりすれば、おたがいが、もっと身近に感じられるようになります。

ここが知りたい　がんばれば、できるようになる？

LDとADHDのある友だちは、まわりの理解とサポートがあれば、苦手なことを乗りこえる力があります。しかし、どれだけがんばっても難しいことがあります。みんなのクラスにも、足の速い子がいればおそい子もいると思います。それと同じで、どんな人にも得意、不得意があるのです。

できないことをがんばりすぎるとつかれてしまい、その子にあるほかのよいところがのばせなくなってしまいます。どうしてもできないことは、そのまま受け入れ、よいところを見つけてあげるようにしましょう。よいところも苦手なところも、両方とも認められるのが、本当の友だちなのです。

2 こういうときはどうする？ 学校編

\LDのあるれいなちゃん/

Q **文字の大きさがバラバラできれいに書けない**

れいなちゃんは、文字を書くのが苦手。だから、自分の文字を見られるのがきらい。学級新聞づくりなど、みんなと一緒に字を書くときは、元気がないみたい。

- 役割分担をして、れいなちゃんを発表係にしよう。
- 発表が終わったら、みんなで拍手しよう。

\ADHDのあるかずきくん/

Q **カッとなると、すぐに手が出ちゃう**

感情的になると、すぐに手が出ちゃうかずきくん。あとで「また、やっちゃった……」と反省するけれど、素直にあやまれないみたい。

- 気持ちを落ち着かせるために、深呼吸をする時間をつくろう。
- けんかしている2人の間に入り、おたがいの気持ちを代わりに伝えよう。

\ADHDのあるのどかさん/

Q **そうじ中にぼーっとしちゃう**

ほうきを持ったまま、ぼーっとしているので、まわりは「また、さぼってる！」とブーイング。

- 「そうじの時間だよ」と声をかけよう。
- 何をすればよいのかを教えよう。

3 こういうときはどうする？ 放課後・遊び編

\ LDのあるだいすけくん /

Q ゲームのルールがわからないみたい

わざとずるしているのかな、と思ったけど、だいすけくんはまじめな顔。まちがいを教えると、不思議な顔をしていた。

- ルールを教えよう。
- ジャッジ役を決めて、ゲームの状況をその場にいるみんながわかるようにしよう。

\ LDのあるななこさん /
Q みんなの話に入ってこない

映画を見た帰り道に、みんなで感想を言い合っているの。そんな中、ななこさんは1人だけ会話に参加せず、つまらなそうな表情だったよ。

- 「どの場面が好きだった？」「登場人物の中で誰がよかった？」などと、質問を具体的にしよう。

\ ADHDのあるりんくん /

Q 約束を忘れちゃう

公園で遊ぶ約束をしたのに、りんくんが来ない。待ち合わせ時間はもうすぎた。ほかの子たちは、「約束破った」とおこっちゃったよ。

- メモ用紙に時間を書いてわたそう。
- 待ち合わせ場所には、りんくんと一緒に行こう。

part 10 目に見えない障害

発達障害は、外からわかりにくい障害です。そのため、その障害ならではの苦手なことや困っていることをまわりに理解されづらい傾向があります。

1 外からわかりにくい障害

車いすに乗っている人や、つえをついて歩いている人は、その姿を見れば、どんな障害があるのかがすぐにわかります。でも、LDやADHDなどの発達障害は、脳の働きの障害なので、見た目だけではどんなことに困っているのかはわかりません。それは、日常生活の大部分が障害のない人と変わらない行動をしているからです。

ただ、ふつうに過ごしているように見えても、LD、ADHDに特有の苦手なことはあるので、その子なりにがんばって生活しているのです。もし、まわりが気づいて理解していなければ、その子の心に苦しみが積み重なり、学校に行くのがつらくなります。つらさのあまり、二次障害に苦しむ友だちもいます。

2 サポートのすすめ

発達障害のある友だちは、それぞれ障害特有の苦手なことがあるために、いろいろなことで苦労をしています。例えば、これまでのページにあったような、「文字は読めるのに書けない」「すぐに人をたたいちゃう」「列の順番を待てない」といったときです。そんな場面に出合ったら、からかったりするのではなく、その友だちが「どうしてそんなことをしたのかな?」と考えてみましょう。発達障害のある子の「あれ？ 変だな」という行動には、必ず理由があるからです。考えてもわからないときは、その子の担任の先生に聞いてみましょう。

知っておこう 二次障害って何?

二次障害とは、障害による苦手なことをまわりが理解して対応できていないために、もともとの障害とは別に、二次的に心や行動に問題が出てしまうことをいいます。

障害のある子の苦手なことを理解しない状況が続くと、本人は自信をなくしてしまいます。そして、自分を受け入れてくれないまわりの人たちに、いかりがわいたり、悲しくなって、ひきこもりになったりしてしまう友だちがいます。内閣府発表の調査によると、発達障害のある人たちは、思春期・青年期以降にさまざまな二次障害や合併症を引き起こしやすいことがわかっています。

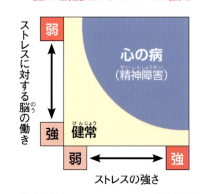

脳の機能とストレスへの強さ

参考:星野仁彦(福島学院大学 大学院附属心理臨床相談センター 心療内科医師)「ひきこもりと発達障害」(2011年)

part 11 心のバリアフリー

心のバリアフリーとは、障害のある、なしを区別しないようになることです。そのためには、障害のない人が障害のある人に持ってしまいがちなへんけんをなくすことが大切です。

1 4つのバリア

バリアフリーという言葉を聞いたことがありますか? 自分らしく生きていくために、壁（バリア）になるものをなくすことをバリアフリーといいます。

障害のある人には、4つのバリアがあるといわれています。1つ目は、物理的なバリア。車いすの人にとっての階段などのことです。2つ目は、情報のバリア。目や耳が聞こえないと、ほしい情報を受け取れないことがあります。3つ目は社会的・制度的なバリア。決まりやしきたりなどもそれに含まれます。そして4つ目は、心のバリアです。

2 心のバリアフリー

LD、ADHDなどの発達障害のある友だちにとっての最大のバリアは、心のバリアです。心のバリアとは、障害のない人が障害のある人に対して持つへんけんや無理解のことです。へんけんとは、かたよった見方や考え方のことをいいます。発達障害へのへんけんをなくすためには、まずは障害の特徴を理解することから始めましょう。そして、どんなことが苦手で難しいことなのかを知り、その友だちに寄りそってください。

特徴を理解していくと、「これって、ぼくも苦手なことだ」「わかる！　こうされると、わたしもいやだもん」などと気づくことがたくさんあるはずです。発達障害を知ることは、自分自身を知ることにもつながります。

一緒に遊んで一緒に学ぶ
読み書き・コミュニケーションゲーム

遊びを通じて、LDやADHDのある子にとっては難しかったことが少しずつできるようになることも。身近なもので、読み書きの力やコミュニケーションの力が身につくゲームを紹介します。

逆せんたくばさみクレーン

遊び方

親指で物をぎゅっとおさえる力がつくゲームです。せんたくばさみを逆さに持って、取っ手の部分をつまみながら、ビー玉をはさみ、友だちの手のひらに運びます。たくさんの玉を運んだ方が勝ちです。慣れてきたら、運ぶきょりを伸ばして難しくしましょう。

おすすめ
- 数、計算が苦手な子
- 指先が器用でない子

用意するもの
- せんたくばさみ…1〜2個
- ビー玉……10個

タッチングクイズ

遊び方

背中を使って、文字の形を理解するゲームです。問題を出す人は背中に文字を書いて、友だちに文字を当ててもらいます。コツは、書き始めはぎゅっとおして、そのあと、線をゆっくり引くこと。友だちは、背中に書かれた文字が何かをイメージしながら答えます。

おすすめ
- 書くことが苦手な子
- 字が鏡文字になる子

用意するもの
- 特になし

しりとり

遊び方

使える言葉の数を増やすゲームです。ルールは、一度使った言葉のくり返しを禁止すること。しりとりに出た言葉は紙に書き出すと、目と耳で確認できるので、同じ言葉をさけられます。知っている言葉を思い出そうとするので、会話で使える言葉の数が増えていきます。

おすすめ
- 話すことが苦手な子
- 説明が苦手な子

用意するもの
- 紙……2枚
- えんぴつやペンなど…2本

※「用意するもの」は2人で遊ぶときの数になっています。

なぞなぞ

遊び方

連想する力がつくゲームです。なぞなぞをくり返すと、音から物をイメージする力が育ちます。問題を出す人は、だじゃれから答えを考える問題や、例え話を使った問題など、パターンを変えてみて。答えるまでに時間がかかるときは、ヒントを出してください。

おすすめ
- 聞くことが苦手な子
- 説明が苦手な子

用意するもの
- なぞなぞの本……1冊

＊答えはあさがお

かたまりクイズ

遊び方

物をかたまりとして覚えるゲームです。問題を出す人は、右手に複数の1円玉を乗せて、友だちに見せます。そのあと、左手で何枚かをつかみ取って、右手に残った1円玉のかたまりを見せます。友だちが、「左手に何枚入っているか」を当てたら、友だちの勝ちです。

おすすめ
- 数、計算が苦手な子
- 片づけが苦手な子

用意するもの
- 1円玉……20枚

ふたピラミッド

遊び方

手や指先が器用になるゲームです。ペットボトルのふたを1人10個ずつ用意して、ピラミッドの形に積み上げます。手元をよく見て、ていねいに置かなければならないので、指先の動かし方が上手になります。3回のゲームで、より早く積み上げた回数が多かった人の勝ちです。

おすすめ
- 数、計算が苦手な子
- 指先が不器用な子

用意するもの
- ペットボトルのふた…20個
- 紙…2枚　ペンなど…2本

バランス遊び

遊び方

アスレチックで、またいだり、くぐったり、よじのぼったりして、体のバランス感覚を身につけます。バランスがとれると、背筋を伸ばして座れるようになるので、落ち着いて読み書きができるようになります。複数の遊具を使うと、体の使い方のバリエーションが増えます。

おすすめ
- 落ち着きのない子
- 読み書きが苦手な子

場所
- アスレチック、公園

支援する団体

LDやADHDのある友だちを支援する団体を紹介します。これらの団体は、LDやADHDのある友だちへの支援活動のほか、広報活動や交流活動などをしています。

① 特定非営利活動法人 全国LD親の会

LD　全国規模

1990年設立。LDなどの発達障害のある子どもを持つ親の会。ほとんどの都道府県に加盟団体がある。主な活動は、情報交換や会報の発行など。年1回、LDについての公開シンポジウムを開催。

【参加方法】ホームページの「全国LD親の会連絡先」にメールする。
http://www.jpald.net/

② NPO法人 えじそんくらぶ

ADHD　全国規模

1998年設立。日本初のADHDの専門団体。ADHDを障害としてではなく、豊かな個性のひとつと考え、長所を伸ばし、短所は克服できるように支援している。会員の自主的なグループが全国にあり、それぞれの地域で学習会やセミナーをしている。

【参加方法】ホームページの「入会のご案内」を参照。
http://www.e-club.jp/

③ 特定非営利活動法人 アスペ・エルデの会

自閉スペクトラム症、LD、ADHD　全国規模

対象は、自閉スペクトラム症(アスペルガー症候群)、LDをはじめとする発達障害全体。子どもたち・親の会・専門家・スタッフによって組織されており、発達障害のある人への生涯発達支援や専門家養成、当事者会などの活動をしている。

【参加方法】ホームページの「入会案内」を参照。
http://www.as-japan.jp/

④ NPO法人 あではで神奈川

ADHD　神奈川県

ADHDのある子とその家族、関係者がよりよく生きていくために、助け合い支え合っていくための会。「あではで」とは「ADHD」をドイツ語読みしたもので、子どもたちの人生が「あでやかに」「はでやかに」なるように、願いを込めてつけられた。

【参加方法】ホームページの「入会案内」を参照。
http://www.adehade.net/

⑤ LD等発達障害児・者親の会「けやき」

LD　東京都と近県在住中心

1988年設立。LDの子を持つ親が組織している会。親同士の交流と学習の場を提供し、社会に対して、LDなどの発達障害の正しい理解を求める活動をしている。

【参加方法】ホームページの「入会のご案内」を参照。
http://keyakitokyo.web.fc2.com/

⑥ NPO法人 チューリップ元気の会

発達障害全般　埼玉県川越市

LDやADHDなど、発達障害全般に困難のある子と親のための会。見落とされがちな発達障害の早期発見と適切な支援をするために、幼児期・学齢期から自立へのサポートをする。

【参加方法】ホームページの「チューリップ元気の会 連絡先」にメールする。
http://tulip.main.jp/

さくいん

ア行

アスペルガー症候群 ………………………………………………… 36
医師 …………………………………………………………… 7, 24, 25
インクルーシブ教育 ………………………………………………… 24
ADHD（注意欠如・多動性障害） ………………………… 6, 14〜19
ADHD（注意欠如・多動性障害）の原因 …………………………… 15
ADHD（注意欠如・多動性障害）の障害例 …………………… 16〜19
ADHD（注意欠如・多動性障害）の特徴 ………………………… 14, 15
LD（学習障害） ………………………………………… 6, 8〜13, 15
LD（学習障害）の原因 ……………………………………………… 9
LD（学習障害）の障害例 ……………………………………… 10〜13
LD（学習障害）の特徴 …………………………………………… 8, 9

カ行

かたまりクイズ ……………………………………………………… 35
合併症 ……………………………………………………… 21, 24, 32
逆せんたくばさみクレーン ………………………………………… 34
言語障害 ……………………………………………………………… 6
言語聴覚士 …………………………………………………………… 25
心のバリア …………………………………………………………… 33
心のバリアフリー …………………………………………………… 33

サ行

作業療法士 …………………………………………………………… 25
視覚障害 ……………………………………………………………… 6
色覚 …………………………………………………………………… 7
肢体不自由 …………………………………………………………… 6
児童指導員 …………………………………………………………… 25
児童発達支援センター ……………………………………………… 25
自閉スペクトラム症 ………………………………………………… 6
しりとり ……………………………………………………………… 34
視野 …………………………………………………………………… 7
社会的・制度的なバリア …………………………………………… 33
障害 …………………………………………………………………… 6
衝動性 ………………………………………………………………… 15
情報のバリア ………………………………………………………… 33
生活動作 ……………………………………………………………… 20

タ行

ダウン症 …………………………………… 6
タッチングクイズ …………………………… 34
多動性 ……………………………………… 15
聴覚障害 …………………………………… 6
通級 ……………………………… 7, 15, 24, 25
通常学級 ………………………… 7, 15, 24, 25
DCD（発達性協調運動障害） ……… 15, 20, 21
特別支援学級 ……………………… 15, 24, 25
特別支援教育コーディネーター ……………… 25

ナ行

なぞなぞ …………………………………… 35
二次障害 …………………………………… 32
ノーマライゼーション ……………………… 28

ハ行

発達 ………………………………………… 6, 7
発達障害 ………………………………… 6, 7, 32
バランス遊び ………………………………… 35
バリアフリー ………………………………… 33
ふたピラミッド ……………………………… 35
不注意 ……………………………………… 15
物理的なバリア ……………………………… 33
へんけん …………………………………… 33
保育士 ……………………………………… 25

マ行

目に見えない障害 ………………………… 32

ラ行

楽体リング ………………………………… 21
リハビリセンター …………………………… 25
療育 ………………………………………… 7
療育センター ……………………………… 25
臨床心理士 ……………………………… 24, 25

監修

笹田 哲（ささだ さとし）
神奈川県立保健福祉大学 教授／作業療法士

神奈川県立保健福祉大学保健福祉学部リハビリテーション学科作業療法学専攻教授。保健学博士。作業療法士として学校に訪問し、子どもたちの学習支援に取り組んでいる。『発達が気になる子の「できる」を増やすからだ遊び』（小学館）、『気になる子どものできた！が増える3・4・5歳の体・手先の動き指導アラカルト』『気になる子どものできた！が増える 書字指導アラカルト』（以上、中央法規出版）などの著書、監修書がある。

製作スタッフ

編集・装丁・本文デザイン・DTP
株式会社ナイスク　https://naisg.com
松尾里央　石川守延　飯島早紀　工藤政太郎　佐々木志帆

イラスト
イイノスズ

取材・文・編集協力
白鳥紀久子

写真撮影
中川文作　森戸陽子

モデル
株式会社ケイプランニング
山下皓美　吉野孝規

商品提供・取材協力・写真提供

埼玉県熊谷市立富士見中学校
原田恒、奈穂子、日向
株式会社ゴムQ
静岡県立こども病院 専門作業療法士 鴨下賢一
発達障害サポート企画「BIRD」
よこはま港南地域療育センター
NPO法人 障害者雇用部会

参考文献・サイト

『ふしぎだね!? LD（学習障害）のおともだち』
内山登紀夫 監修、神奈川LD協会 編（ミネルヴァ書房）

『もっと知りたい！ LD（学習障害）のおともだち』
内山登紀夫 監修、神奈川LD協会 編（ミネルヴァ書房）

『ふしぎだね!? ADHD（注意欠陥多動性障害）のおともだち』
内山登紀夫 監修、高山恵子 編（ミネルヴァ書房）

『もっと知りたい！ ADHD（注意欠陥多動性障害）のおともだち』
内山登紀夫 監修、伊藤久美 編（ミネルヴァ書房）

『よくわかる発達障害［第2版］』
小野次朗、上野一彦、藤田継道 編（ミネルヴァ書房）

『苦手が「できる」にかわる！ 発達が気になる子への生活動作の教え方』
鴨下賢一 編著、立石加奈子、中島そのみ 著（中央法規出版）

『発達障害のある人の就労支援』
梅永雄二 編著、柘植雅義 監修（金子書房）

『発達が気になる子の「できる」を増やすからだ遊び』
笹田哲 監修（小学館）

『発達障害の子の読み書き遊び・コミュニケーション遊び』
木村順 監修（講談社）

文部科学省ホームページ
https://www.mext.go.jp/

厚生労働省ホームページ
https://www.mhlw.go.jp/

東京都福祉保健局ホームページ
https://www.fukushihoken.metro.tokyo.jp/

知ろう！学ぼう！障害のこと
LD・ADHD
（学習障害）（注意欠如・多動性障害）
のある友だち

初版発行　2017年2月　第5刷発行　2023年11月

監　修　笹田哲

発行所　株式会社金の星社
　　　　〒111-0056　東京都台東区小島1-4-3
電　話　03-3861-1861（代表）
FAX　　03-3861-1507
振　替　00100-0-64678
ホームページ　https://www.kinnohoshi.co.jp
印刷・製本　図書印刷株式会社

40p 29.3cm NDC378　ISBN978-4-323-05651-7
©Suzu Iino, NAISG Co.,Ltd., 2017
Published by KIN-NO-HOSHI-SHA Co.,Ltd, Tokyo, Japan.
乱丁落丁本は、ご面倒ですが、小社販売部宛にご送付ください。
送料小社負担にてお取替えいたします。

JCOPY 出版者著作権管理機構 委託出版物

本書の無断複写は著作権法上での例外を除き禁じられています。複写される場合は、そのつど事前に出版者著作権管理機構（電話03-5244-5088　FAX03-5244-5089　e-mail: info@jcopy.or.jp）の許諾を得てください。
※ 本書を代行業者等の第三者に依頼してスキャンやデジタル化することは、たとえ個人や家庭内での利用でも著作権法違反です。

知ろう！学ぼう！障害のこと

【全7巻】シリーズNDC：378　図書館用堅牢製本　金の星社

LD（学習障害）・ADHD（注意欠如・多動性障害）のある友だち
監修：笹田哲（神奈川県立保健福祉大学 教授／作業療法士）

LDやADHDのある友だちは、何を考え、どんなことに悩んでいるのか。発達障害に分類されるLDやADHDについての知識を網羅的に解説。ほかの人には分かりにくい障害のことを知り、友だちに手を差し伸べるきっかけにしてください。

自閉スペクトラム症のある友だち
監修：笹田哲（神奈川県立保健福祉大学 教授／作業療法士）

自閉症やアスペルガー症候群などが統合された診断名である自閉スペクトラム症。障害の特徴や原因などを解説します。感情表現が得意ではなく、こだわりが強い自閉スペクトラム症のある友だちの気持ちを考えてみましょう。

視覚障害のある友だち
監修：久保山茂樹／星祐子（独立行政法人 国立特別支援教育総合研究所 総括研究員）

視覚障害のある友だちが感じとる世界は、障害のない子が見ているものと、どのように違うのでしょうか。特別支援学校に通う友だちに密着し、学校生活について聞いてみました。盲や弱視に関することがトータルでわかります。

聴覚障害のある友だち
監修：山中ともえ（東京都調布市立飛田給小学校 校長）

耳が聞こえない、もしくは聞こえにくい障害を聴覚障害といいます。耳が聞こえるしくみや、なぜ聞こえなくなってしまうかという原因と、どんなことに困っているのかを解説。聴覚障害をサポートする最新の道具も掲載しています。

言語障害のある友だち
監修：山中ともえ（東京都調布市立飛田給小学校 校長）

言葉は、身ぶり手ぶりでは表現できない情報を伝えるとても便利な道具。言語障害のある友だちには、コミュニケーションをとるときに困ることがたくさんあります。声が出るしくみから、友だちを手助けするためのヒントまで詳しく解説。

ダウン症のある友だち
久保山茂樹（独立行政法人 国立特別支援教育総合研究所 総括研究員）
村井敬太郎（独立行政法人 国立特別支援教育総合研究所 主任研究員）

歌やダンスが得意な子の多いダウン症のある友だちは、ダウン症のない子たちに比べてゆっくりと成長していきます。ダウン症のある友だちと仲良くなるためには、どんな声をかけたらよいのでしょうか。ふだんの生活の様子から探ってみましょう。

肢体不自由のある友だち
監修：笹田哲（神奈川県立保健福祉大学 教授／作業療法士）

肢体不自由があると、日常生活のいろいろなところで困難に直面します。困難を乗り越えるためには、本人の努力と工夫はもちろん、まわりの人の協力が大切です。車いすの押し方や、バリアフリーに関する知識も紹介しています。